AF345324

POESÍA PARA EL ALMA

MARÍA ISABEL TAMAYO INSUA

POESÍA PARA EL ALMA

EXLIBRIC

ANTEQUERA 2023

MARÍA ISABEL TAMAYO INSUA

POESÍA PARA EL ALMA

A tu alma

Índice

SANAR

Al que ordena los planetas
le quiero yo preguntar
por qué existen las fronteras
y las guerras y el pesar.

Al que ordena los planetas,
que es mi Padre celestial,
le quiero yo preguntar.

Sana en ti lo que ves fuera
y fuera se acabará.

DIVINO HUMANO

I

Del perfecto círculo que todo contiene
decide un paseo,
sólo por el hecho de abrazar su sueño.

Y así, caminante elige el destierro
a ver qué sucede vistiendo este velo.

Desciende despacio, se extraña y conmueve.
«¿Qué es lo que ha pasado, que ahora estoy soñando?».

Se hace con un cuerpo de carne, un humano,
y así es como siente al otro, su hermano.

Sin embargo, el miedo, un señor sin amo,
le asusta y confunde para qué ha llegado.

II

El aire penetra profundo, callado,
insufla en su cuerpo vital encarnado
oxígeno eterno,
regalo del cielo,
tesoro heredado.

Su sangre recorre pasillos sagrados,
alimenta miembros,
sistemas creados por un universo
de Dios encarnado.

Sus piernas avanzan por caminos largos,
a veces de piedras, a veces más llanos,
como olas crestas de un mar arbolado.

Sus manos construyen cien mil catedrales
de vivos colores y de altos altares.

Con su mente piensa palabras hermosas
como un cuento lleno de hadas graciosas.

Y así pinta alegre realidad soñada
de un mundo que cree ser él quien gestara.

III

¿Y qué hay de sus ojos, encantos luceros
que guían al hombre por doquier sendero?

Benditos regalos de un Dios verdadero,
mi amigo lejano que llevo muy dentro.

Y así me descubro en mi cuerpo denso,
a veces por fuera; otras, hacia adentro.

Y en esta gran obra que creó el del cielo
reposa mi alma como un libro abierto,
a quien me dirijo cuando me entra el miedo.

IV

Y así experimento mi naturaleza
de la noche y del día,
la sombra y la vida.

Y así me divido y vuelvo a la Fuente,
eterno infinito,
baile permanente.

Me centro en el centro pa calmar mi mente
cuando distorsiona mi trama coherente.

Cuando allí reposo y escucho el silencio,
de nuevo aparece como un gran destello.

Aquel que me escucha.
Aquel que me entiende cuál es mi pregunta.

V

Sola en ese espacio
de paz aparece

como un mar habitado
sin algas ni peces.

Sólo ese vacío,
que sólo desprende
un vacío lleno
de eterno presente.

Gracias a la vida,
gracias a la muerte,
fieles consejeras de esta danza breve.

VI

Comienza el camino;
todo me conmueve,
todo me sorprende,
lo oscuro, lo claro
y mi Padre ausente.

El frío me enfría,
el calor me azota,
el viento me empuja
sin piedad ni gloria.

«¿Dónde estoy caído?»,
pregunto a mi sombra,
que sigue mis pasos como fiel deudora.

No comprendo nada
ni quién soy ahora,
sólo sé que solo avanzo sin honra.

VII

¿Será que un destino pasado en el tiempo elegí ahora?

¿Será que provengo de un hogar lejano
que ya no recuerdo?

¿Y por qué sufro tanto?

Ahora tengo sueño.
Ahora tengo hambre, dolor y tormento.

¿Quién sino un demonio con cuernos de acero
habría inventado este ruin acuerdo?

¿Quién sino un diablo con tridente negro
se divierte tanto con tan vil contrato?

Son tantas preguntas,
que mi mente piensa
y que, como piensa,
le surgen más dudas.

VIII

¿Será que mi mente, que habla ella sola,
contiene personas?

Voces que me mandan,
voces que me lloran,
voces me recuerdan
que quién soy ahora.

¿Y lo de allá fuera?
Digo mi vecino.
¿Por qué me parece un desconocido?
Quizás es mi hermano…

IX

Yo me siento solo,
camino y camino
y busco algún otro para compartirlo.

Subo un gran sendero,
recorro montañas,
navego por mares llenos de esperanzas.

Y me voy cansando.
¿Dónde está mi Padre, ese que me hizo?
Quizá se haya ido…

Esta prueba es dura,
a mí me lo digo,
que pagué el billete de tal recorrido.

Si me lo advirtieran,
quizás pensaría
quedarme quietito sin penas ni risas.

X

Mi mente me enreda,
mi sombra me guía,
mis pasos caminan hacia la deriva…
Y allá vamos todos, si miramos fuera
como las veletas del viento, viajeras.

Sin rumbo ni tiempo,
sin paz ni conciencia,
sin la voz del alma,
sin verdad esencia.

XI

El otro es mi hermano, que mira asustado.
También lo hizo Dios, también lo hizo humano.

Y si me doy cuenta y puedo observarlo,
veré de muy cerca que sí, que es mi hermano.

Que no es mi enemigo,
que no es un extraño,
que sueña su sueño
y que canta su canto.

XII

¿Quién puso la venda pues en este teatro?
¿Acaso yo mismo? ¿Acaso mi hermano?

¿Para qué pusimos semejante paño?
¿Para qué apagamos la voz de este parto?

Para descubrirnos más fuertes, más sabios;
para recordarnos más puros, más claros;
para conocernos, como hacen los sabios,
aquellos que saben cantar sus relatos;
para reunirnos y hablar más calmados,
sin guerras ni luchas, con paz y en agrado;
para que cantemos nuestros cantos santos
en dicha gozosa de paz con encanto;
para que contemos palabras sinceras,
corazones uno, unión verdadera.

Y si así recuerdo que somos hermanos,
que un uno nos une,
estamos a salvo.

XIII

Pero ¿por qué tan difícil semejante encargo?

Para que entendamos para qué vinimos,
para comprendernos y para asistirnos,
para perdonarnos lo que nunca hicimos,
para despertarnos de este sueño herido,
de esta farsa absurda sin pies ni sentido,
para levantarnos cuando nos dormimos,
para sostenernos si estamos caídos,
para festejarlo y brindar por vivirlo,
para todo ello, mi hermano, vinimos,
para recordarnos pasito a pasito,
para celebrarlo y bailar al ritmo
de aquel que se mueve, por fin, con destino.

XIV

La duda aparece vestida de negro,
señala el camino, desvía el sendero,
y yo le hago caso…

Quiero divertirme,
pasar bien un rato,
a precio de oro te pago un buen trato,
pues soy importante, señor y galante,

que disfruto mucho siendo yo tan grande.
¿Y tú, hermano mío, por qué tan cobarde?
¿Por qué no me sirves?
Mejor, sí me sirves,
que yo soy tu dueño, señor y abogado
de miles de casos de contratos falsos.

Pero por encima está la moneda
que engalana y viste al dios de la guerra.

XV

Y así, dividido,
me olvido y me olvido
de quién es mi Padre,
de quién soy su hijo.

Por pasar un rato, dicen, divertido,
por vestir con joyas, brillantes y anillos,
por enriquecerme y llenar los bolsillos,
por apoderarme de lo que no es mío.

Ya no eres mi hermano, sino mi enemigo.
¿Acaso te crees el mismo destino?
¡Infeliz humano, dónde estás metido!
¡En tu pobre mente, total dividido!

Y ahora es tu sombra, la dama nocturna,
quien dirige el mando para tu aventura,
para tu locura…

XVI

«¿Quién se ha confundido?, ¿qué es lo que ha pasado?»,
escucho en mi oído susurrar despacio.

Que la envidia puede a algunos humanos
de corazón roto y saber escaso.

¿Y ahora qué hago?
Ya no sé quién soy
ni quién es mi hermano.

Sólo siento pena, tristeza y llanto,
que lo pierdo todo, si no me levanto
y me alzo de nuevo a encontrar mis pasos.

XVII

Y vuelve el silencio,
un silencio amargo,
un vacío firme,
un gran desencanto.

Lo he perdido todo, a mí y a mi hermano.
Y me echo al suelo en el campo santo,
para que me acoja y apague mi llanto,
a ver si florezco de este trago amargo,
a ver si me duermo y me quedo quieto,
y ya no me levanto.

XVIII

Y pasa el silencio,
de nuevo me viste un vestido blanco
de finos matices, marfiles dorados,
y siento mi cuerpo y siento mi abrazo.

Me abrazo y sonrío en este nuevo mundo
que me habita dentro, profundo, profundo,
donde está el silencio, la paz y el vacío,
la verdad y el tiempo sin tiempo infinito.

XIX

Y ahora me recuerdo completo en mi esencia,
tocando de nuevo a la puerta abierta
de mi alma despierta.

Y mi alma exclama:
«¡Bienvenida seas de nuevo a tu casa!»

Y la maravilla, la esencia sagrada,
se expresa en lo eterno con voz animada
que surge del viento, que surge callada;
una voz sincera, la voz sin palabras,
que, al decir, se escucha como si cantara
un ángel alado con alas doradas
y es él quien recoge todas mis instancias
se las lleva al Padre y allí él las resguarda.

XX

En el cielo eterno descansa mi alma,
mi fiel compañera, caminante hermana;
ella, quien me guía; ella me acompaña
en este cuerpito tan frágil de humana.

«Y ya no estoy sola», me dice al oído
cada vez que quiere conversar conmigo.
La luz que te guía es divina, lo sabes;
el faro celeste, la estrella brillante,
el mar terciopelo, el río danzante,
las flores silvestres, las montañas grandes.

«Y ahí estás tú», me dice mi alma.
«Humano divino, experiencia humana,
agradece a Dios por tu corta estancia,
pues él te ha creado para disfrutarla».

XXI

Con salud de hierro y fuerzas sagradas,
con la paz del cielo construyó tu casa,
con risas y juegos decoró tus sueños,
con lápiz de oro dibujó tu cara,
tu cuerpo lo hizo con arcilla blanca,
le pintó colores, lo vistió de gala
para que disfrutes esta tierra amada
que dio por herencia, la tierra heredada.

XXII

Mi mente se ha unido al todo infinito,
la luz de mi alma guía mi camino,
farola dorada, que siempre encendida,
que nunca apagada, puente a mi destino.

Y si yo la apago, porque me despisto,
que llamen al guardia, que den el aviso
que quiero encenderla para ver bonito
el cielo estrellado, el cielo bendito,
donde mora Dios, allí, escondidito
para que lo vea y saber que existe,
pues ya sé que vela por todos nosotros
por si el alma pena.

XXIII

Miles de maravillas que Dios ha creado,
el hombre una de ellas con su amor sagrado,
el hombre tan frágil, el hombre tan débil.
Qué iluso creer que es él quien merece,
se lo debe a Dios, su Padre, su Fuente.

XXIV

Y así nuestras vidas, idas y venidas,
pueden ser demonios o ser bendecidas.

Sólo si elegimos pensar rectamente,
sólo si Dios mismo vive en nuestra mente,
sólo si miramos dentro de la Fuente,
volvemos a Dios para su deleite.

Sólo si el viaje lo hacemos despacio,
sólo si pensamos igual que actuamos,
sólo si sentimos igual que pensamos,
para conseguir todo lo anhelado
de la luz que inunda todo lo creado,
sólo así podemos encontrar a Dios allá donde vamos

Pues Dios está dentro, dentro del humano,
eterno vacío, silencio encontrado.

XXV

Es simple y sencillo, adorable hermano,
sólo cuando quieras coger de la mano
tu herencia divina, tu regalo santo,
dirígete a él, que te está esperando.

Con brazos abiertos expande su manto,
en tu corazón te aguarda callado,
y en tu mente recta su voz verdadera
despierta tu canto.

XXVI

Suena tu silencio, profundo, calmado,
silencioso templo de espacio sagrado.

Respira profundo, todo se ha olvidado.

XXVII

Mi mente coherente conduce el camino
de vuelta a la Fuente,
de allá donde vino, su origen divino.

Respiro profundo, viajo a mis adentros,
escucho el silencio de mi Padre dentro,
que me dice:

«Hijo, ¡por fin has llegado! ¡Por fin has venido!».
Y me da su abrazo.

Y así, fusionados, mi Padre conmigo,
surgen las respuestas a lo incomprendido,
que todo es un juego, un juego de niños
donde los mayores, a veces, perdidos,
se olvidan del juego, dejan de ser niños,
se alejan de Dios y así van perdidos,
creyendo que el juego es real en sí mismo.

XXVIII

¡Y es todo tan falso cuando descubrimos
la verdad eterna que nos hizo dignos
de esta tierra amada, hijos del Divino!

Por eso cuidemos muy bien lo que vemos,
pues nuestro enemigo es nuestro maestro.
¡Lección aprendida!
¡Volvamos al cielo con ligeras alas azul terciopelo!

XXIX

Nuestra Madre canta,
suenan las trompetas,
hemos aprendido cuál es nuestra herencia:
la divina gracia de Dios en la tierra.

DEL AZUL SALADO

Del azul salado, Madre,
nace la Diosa;
las sirenas son guardianas
de rosas rojas.

De los campos verdes, Madre,
lucen hermosas
las plantitas, medicina
pa quien las coja.

Del excelso cielo, Madre,
se alzan soberbias
las aves, custodias
de tu presencia.

Del calor del vientre, Madre,
emerge el fuego,
el impulso de vida,
útero eterno.

Bella Madre Inmaculada
de primordial existencia,
del nacimiento el principio,
de la muerte su gran puerta.

DIOSA

Dicen que de ti nacimos,
de tu oscuridad solemne,
de tu útero creativo,
de tu inmaculado vientre.

Tu arcana sabiduría,
dadora eterna de vida,
ordenante de la muerte.

Organiza la existencia
con perfecta sutileza
de los ciclos naturales,
que, girando, evolucionan
octavas dimensionales.

¿Quién desterró tu dominio
al olvido consentido
de los humanos mortales?

La imposición virulenta
de dioses enajenados,
celosos de tu grandeza,
codiciosos de riquezas,
arrebataron el mando
a tu eminente belleza.

Quienes creyeron matarte,
mutilaron su existencia.
A sí mismos destruyeron
su parte más vulnerable:

la que encierra los secretos más notables.

Enloquecidas las mentes,
involución tomó el mando;
bajo rígida moral,
usurparon tus encantos,
humillaron tu verdad.

Tu grito se escuchó eterno,
difícil de reparar
semejante sacrilegio.

Hay que volver a empezar;
para recrear el mundo
es fundamental que ocupe
cada uno su lugar.

Dios en la mente de todos.
Diosa dando a luz a tu verdad.

Duerme la diosa

En el silencio de la tierra
duerme la diosa,
gesta la semilla,
del misterio brota
la nueva vida.

De la fuerza de la tierra
se yergue hermosa
la planta que embellece
como amapola
espléndidos los campos
de sol y sombra.

De los ciclos de la tierra
se alzan de nuevo
retoños que la madre
guarda en su seno.

Y rompen raudas las ramas
el espacio-tiempo,
extiende el árbol sus mil brazos
hacia los cielos.

De la savia de la tierra
nacen las flores,
anunciando sus frutos
multicolores.

Perfumes nacarados,
dulces sabores,
divina es la cosecha
para el buen hombre.

La Madre Tierra nutre
los corazones.

MADRE MAR

Ante ti, rendida,
Madre Mar, querida,
te entrego mi duelo:
el vestido negro
que vistió mi vida.

Los juguetes rotos,
los pedazos rotos,
también las heridas.

Recoge en tu seno de sal
mis memorias
de ancestras benditas.

Disuelve en tus aguas
azules
mi angustia,
que acongoja el alma
desnuda.

La voz de mi canto
quiero regalarte,
que se escuche limpio
en mi sangre amable.

Que somos tus hijas.
Que tú nos gestaste.

MARÍA

Perfumada rosa roja
de pétalo terciopelo
como seda para el tacto;
entre mis manos, caricias
como besitos robados.

Déjame ver las espinas
que fortalecieron tu alma,
para erguida sostener
tu firmeza soberana.

Reina de las reinas flores,
maestra con maestría,
reverencio tu belleza
y tu gran sabiduría.

Transformaste tus heridas
en deliciosas fragancias
de aromas verdes silvestres,
de perfumes para hadas.

En el reino de las flores,
la mujer, la más sagrada
como la rosa, María,
sanadora de las almas.

LA DIVINA FEMENINA

La divina femenina
recluida y rechazada,
por el pueblo aborrecida,
relegada a la nostalgia.

El violento patriarca
a la fuerza y con espada
se apodera de la vida,
destruyendo la semilla
que lo habita.

La divina femenina
ocultada y despreciada,
silenciada y reprimida,
vigilada y acosada.

El violento patriarca,
sangre de hombres inocentes,
asesino de mujeres con palabra.

Despierta ya de tu sueño,
bella dama abandonada,
llena de poder tu cuerpo,
canta con tu voz en alza.

Baila en círculos sagrados,
sacude tu alma enclaustrada.

Y háblale alto a la aldea
de la grandeza que emanas
de tu útero divino,
jardín de rosas sagradas.

Tus caderas como cuna
que balancean la savia.

¡Emerge libre tu sangre
para regarla extasiada
y que florezca el verano
que da a luz a tu semblanza
y a tus cantos!

El divino masculino
engendra tu realeza,
compañero de destino,
para repoblar unidos.

De semillas estelares,
luces de amor en la tierra.

AGRADEZCO

Agradezco todo
cuanto se me ha dado
y se me ha quitado.

Agradezco el suelo
que me vio nacer.

Agradezco al campo,
a la fruta fresca.
Agradezco el manto
que cubre mi piel.

Agradezco al río
su sonido limpio,
refresca mis pies.

Agradezco al trigo
su color de miel.

Agradezco el cuento
que a mí me conté.

A los personajes
que en él encontré.

A los animales   45
que muerden la piel.

Al sabor amargo
con sabor a hiel.

A este lapicero
y a este papel.

ACASO LAS FLORES

¿Acaso las flores
nos piden permiso
para florecer?

¿Acaso se inquieta
la luna
al anochecer?

¿Acaso los pinos
antiguos del bosque
coartan su esencia
al atardecer?

¿Acaso la vida
podemos medirla
por mal o por bien?

¿Acaso el silencio
siempre evoca paz?

¿Acaso el desorden
se puede ordenar?

Quizás sólo sea
cuestión de querer,
querer trascender
el miedo a volar.

VIVIR

En un barco me enrolé
creyendo ser marinera;
al querer ser enfermera,
desembarqué en alta mar.

Azafata quise ser
de vuelos ultramarinos,
y cuando volando estaba,
me sentí ser capitana
de un equipo femenino.

Maquinista quise ser
de trenes vertiginosos,
pero lo vi peligroso
y rápido me bajé.

¡Qué bonito descubrir,
experimentar con dicha,
para al final comprender
que todo aporta a mi vida!

YO VALGO UN MONTÓN

Yo valgo un montón.
Yo soy una diosa, y lo sé.
Prepárense cautos
los que permitieron
sesgar mi placer.

Porque en sus jardines,
vestido de rosas,
extiendo mi abrazo
permitiendo ser.

Fragancia divina,
infinito parto
de rosas que sangran
como una mujer.

En mi fértil huerto
se gesta el proyecto
de mi anhelo fiel.

Corazón despierto
que palpitas atento,
¿quién quieres tú ser?

Destruyo y construyo
al ritmo del baile
que eligen mis pies.

La autora perfecta
del perfecto cuadro,
pintado en mi vientre
para ver nacer.

El día soñado
por fin dibujado,
como real milagro,
concreto escenario
por fin con placer.

VALOR

Soy valor y soy valiente.
Mi valor yo me lo he dado
y no ninguna moneda,
que estima mi procedencia,
pues yo no soy un contrato.

Ni me vendo ni te compro,
pues valgo porque lo valgo
y me defino tesoro
por derecho obligatorio
de saber que quien yo soy
es mi origen patrimonio.

Película

Me alegra saber que has vuelto,
que iluminas mi existencia;
aunque nunca te marchaste,
yo dejé de alimentarte.

Y sólo fui un personaje
transitando el escenario
con papeles secundarios.

Sin saber que, ¡gracias, vida!,
era yo quien contenía
a la actriz más relevante.

La dirección de esta empresa
contigo tiene sentido;
si me dejo dirigir,
puedo cambiar mi destino.

Yo soy quien elijo ser;
mientras actúo en la obra,
sigo construyéndome.

La piel de mis personajes
son trajes ya desgastados;
obsoletos se han quedado
para la actriz principal.

Quien conoce su riqueza,
el presente intemporal.

Y desde aquí situada,
siendo la actriz principal,
dirigiendo tú la obra,
vamos a poder cambiar

las escenas cotidianas,
que no aportan a mi paz,
que no suman a mis sueños,
que no alegran mi mirar.

La película ha cambiado
cuando desde ti, observando,
puedo verme proyectado
en el actor principal.

FRAGUADORA

Crearte
como tú decidas,
sin nadie,
sin nadie.

Sólo tu paisaje,
que nace de dentro
de tu sentimiento,
que está conectado
con el firmamento.

Rescata tu arte,
créate en silencio,
disfrutando libre
del paso del tiempo.

Créate con fuego
que nace de dentro,
como fraguadora
de tu nacimiento.

EXPERIENCIA

Voy a pintar mi experiencia
con pinceles de colores,
acuarelado paisaje
de sutiles impresiones.

Verdes ondas,
mar turquesa,
besa el sol rubio dorado,
huele a sal el mar salado
y su insondable belleza.

Yo soy quien dibuja el cuadro.
Yo soy quien elige el tema.

HABLA EL ALMA

Soy tu guía, quien te guía
en tu caminar descalzo,
quien sostiene tu presencia,
quien ilumina tu canto.

Guía soy, tu consejera
de consejos atinados,
intuiciones,
corazones despertando.

Soy quien camina a tu lado.

Yo soy tu brújula interna,
quien dirige bien tus pasos.
No me ves, pero me escuchas.
Si te pones a un lado,
respira en tu corazón,
descansa tu cuerpo barro.

Corazonada acertada
que en un instante aparece y te llama.
Voz con alas de ángel blanco
susurra desde lo alto.

Divertidas sincronías,
como juegos que te avisan
que estás siendo despertado.

DOS CAMINOS SE ME OFRECEN

Dos caminos se me ofrecen,
los dos por mí son trazados:
uno dormida me quiere,
el otro reta mi pasado.

La tentación se hace amable,
sonríe dulce el encanto
del conocido discurso,
del tramposo comediante

que me quiere invariable
para alimentarse, dueño
de un tiempo recalcitrante.

El segundo
se muestra desafiante,
provocador y valiente,
osado y claro aparece

como un sendero liviano,
ligero y más elevado,
intuitivo y trascendente.

Aquí y ahora resuelvo
la dudosa incertidumbre,
construyendo en mi presente
mi futuro favorable.

Apuesto por mi inocencia,
la que me invitó a esta vida,
la esencia pura que brilla
como estrella que me guía,
alumbrando este pasaje.

Libre de todo pasado,
gesto la semilla fértil;
se revelan los misterios
de mis sueños más profundos
como milagros actuales,
despertando a cada instante.

Al encuentro de mí misma

Voy al encuentro de mí misma
sin nadie del otro lado.

Sólo el vacío
como un vértigo lejano.

Tiembla el camino en mi cuerpo
como un latido aumentado
del corazón palpitando.

Las fuerzas opuestas tiran
cada una para un lado
como el ángel y el diablo,
el cobarde y el osado.

La firmeza, mi aliada,
equilibra la balanza
de contrarios
con templanza.

Tanto quise lo que quise
que logré manifestarlo;
los zapatos que calzaba,
pequeños para mis pasos.

La nueva senda me pide
constancia, fe y esperanza,
pues sólo sé que camino
con mi deseo cumplido,
sin referencia pensada.

Como enemigos, mis dudas.
Como alianzas, mis ganas.

Cuando la vida me para

Cuando la vida me para,
me pregunto: «¿Quién ha sido?».

Ciertos hilos invisibles,
tejedores del destino.

Hilos como pensamientos,
memorias, recuerdos vivos.

Tejidos enmarañados,
pasados en el olvido.

Trampas dulces disfrazadas
en cuerpos de adultos niños.
Canciones mudas, calladas,
historias de lo prohibido.

Las vergüenzas y los miedos,
las culpas y demás timos
ennegrecieron el alma
de quien creyó su dominio.

Atrévete, sin embargo,
a desenredar el tiempo,
desprograma tus memorias,
libre de tus pensamientos.

ES TAN FÁCIL SER FELIZ

¡Es tan fácil ser feliz
cuando sabes elegir!

Puedes cambiar tu objetivo
simplemente con sentir.

Claridad en tu pensar.
Claridad en tu sentir.

Y sólo has de elegir
lo que es mejor para ti.

Sin pensar en los demás,
que te quieren para sí.

Puedes realizar milagros,
construir tu realidad,
dibujar tu recorrido.

Respeta a tu ser divino:
él conoce tu camino.

Sólo tienes que sentir
claridad en tu pensar

y atreverte a decidir
lo que es mejor para ti.

Confía en tu ser real,
que te muestra tu verdad
cuando tus ojos no vean.

Mira con más libertad
y allí se te mostrará
la respuesta a tu verdad.

CONSENSO

La rueda que gira
repite y repite
programadamente.

«La buena familia»
repite y repite
su historia de siempre.

La niña obediente,
«la bien educada»,
sonríe y se calla.

El niño apagado,
de gris vestuario,
permanece ausente.

«El buen ciudadano»
acata la orden
y vuelve al trabajo.

El gobierno cauto
redacta sus leyes
y todos votamos.

LINAJE

Mi linaje no es humano,
sino eterno.
Por eso, no tengo miedo.

Miedo para los humanos
divididos de sus centros,
alienados a sus dramas,
alejados de sus sueños.

El miedo no vale nada.
Lo que vale es la osadía
de saber quien me habita,
imperecedera causa

en lo eterno sostenida,
resultante de mi vida,
el aliento que me anima
a peregrinar la tierra,
ordenando la entropía.

Elevando mi conciencia,
colapsa los potenciales,
el caos aleatorio
generando realidades:
mi divinal linaje.

CON EL ALMA LIBERADA

Con el alma liberada
y el corazón más sereno,
ligeras son las miradas
que dan paseos.

Y se acabaron las prisas,
se terminaron los miedos,
desdibujadas las penas
con alegres lapiceros.

¡Que para que estés conmigo
no hay que retener el tiempo!
¡Mejor libérate antes
del yugo
que oprime tu cuello!

Y entonces
exprésale al viento
tu verdad,
la de tu fuego.

Y nacerá en ti la llama,
expandiéndose en tu pecho
la luz,
en tu corazón.

Compartiremos entonces
fragancias,
como las flores
en el jardín del amor.

Y el deshielo
del invierno,
transformándose
en vapor ligero,
ha dejado paso al sol.

ALMA

Veo en tu alma mi alma
como un espejo brillante,
sin fronteras ni lenguajes,
ni creencias limitantes.

La majestuosa obra
del omnipotente Padre
en ti admiro reflejada
como parte de mi parte.

Se derrumban los prejuicios,
constructores de la muerte,
egocéntricos laberintos,
elucubradoramente.

ENCUENTRO

Quise ser quien yo no era
pa que me quisiera el mundo,
para no sentirme fuera
y tener lugar seguro.

Quise ser condescendiente
con amigos y amistades
pa sentirme acompañada
en casa de familiares.

Quise ser siempre agradable
y así traicioné mi esencia,
pues tú eras más importante
que mi intuición verdadera.

Y me olvidé de mí misma,
perdida anduve en la tierra,
siendo fiel a mi linaje,
el que cárceles ponía
a mis alas celestiales.

Dividida y extraviada,
mis pasos retrocedían
cada vez que pretendía
encontrar una salida.

Hasta que, de frente, un día
me encontré herida el alma;
con tristeza preguntaba:
«Para ti, ¿qué es importante?».

Yo le respondí, sincera:
«Mi paz, mi dicha y mi arte».

Pues yo soy tu compañera
cuando elijas este viaje,
el que expresa tu grandeza,
el que expande tus verdades.
Yo soy tu fiel ayudante.

Elijo cambiar

¿Es lo que veo real?
¿O son formas, pensamientos de toda la humanidad?
Entonces,
lo puedo cambiar.

¿Es lo que siento real?
¿O son emociones, grupos de toda la humanidad?
Entonces,
lo puedo cambiar.

¿Es lo que pienso real?
¿O es un programa instalado a toda la humanidad?
Entonces,
elijo cambiar.

DETERMINISMO

Vine para trascenderme,
transitar esta experiencia
como fractal estelar
que viste traje de piedra.

La realidad aparente
se me muestra impenetrable,
pura ilusión de mi mente
que desconoce en detalle
el campo de todas las leyes.

El muro que me separa
de mi verdadero ser
divide mi realidad,
siendo una estatua de sal
si no traspaso el umbral
a mi verdadero hogar.

Aquí quedé confinada
a una existencia marchita,
por los barrotes del tiempo
sometida y estafada.

Por una muerte obligada
a reproducir el drama,
esclava así de la vida.

Determinismo se llama
lo que quisieron vendernos
para mantenernos ciegos
de nuestra real morada.

Desconectados del cielo
del reino que nos ampara,
del caos que nos alivia
de esta engañosa maraña.

La sincronía pensada
me devuelve la conciencia,
el sentido a la existencia,
la cosmovisión hallada.

Los espacios infinitos
contienen la inteligencia,
el potencial simultáneo
del que mi mente condensa
mis sueños manifestados.

El arquetipo que ocupo
debe de tener coherencia
con mi deseo cumplido
y sentirlo ya logrado.

En mis días sostenido,
por mis noches acunado.

Soy libre para elegir
desde mi libre albedrío
cómo moldear las formas
de pensamiento que habito,
para cambiar mi destino.

AVATAR

Quiero conseguir llegar
a esa quien yo quiero ser.
Pues bien,
vamos a empezar.

Primero,
has de enfrentar
al monstruo que crees ver.
No es que dude de tu ver,
pero sí de tu observar.

La conciencia que despierta
puede mirar la comedia
del personaje que enfrente
a ti te está señalando.

El drama que está en tu mente,
activando tu pasado
como muñeco mecano
de una rueda intermitente.

Y así vas, manipulado
por un vivo antepasado
que repite su presente

donde a ti te ha convocado
a renunciar a tu suerte.
Hasta haberlo liberado,
sitúate en el presente.

Segundo,
has de ser un mago
que va disolviendo el tiempo
colapsado en el pasado
con todos sus elementos.

Pero has de tomar el mando,
dejando que tu alma guíe
bendito acontecimiento.

Con varita que coagula
las virtudes rescatadas
que en tu corazón se guardan.

Y así las vas aplicando,
hasta conseguir cambiar
pasado por tu presente,
transformando lo observado
desde tu mente coherente.

Tercero,
eres libre de elegir
esa quien tú quieres ser.
Libre para decidir
lo que quieres ofrecer,
el deseo de tu ser.

Tu valor, reconocer,
y tu obra, compartir;
como avatar, recorrer
el mundo que anhelas ver.

CANTA TU RELATO

¿Y hacia dónde iremos cuando terminemos,
cuando traspasemos el velo del tiempo?

Dicen que los muertos están esperando
más allá del cielo, y nos dan su abrazo.

¿Y será eso cierto?
Yo no lo he probado.
Sólo me han contado algunos muertitos
que han regresado al mundo de vivos.

Habrá que hacer caso…

Pues si me planteo quién es quien me abraza
sin manos ni cuerpo, yo no me lo creo.

Sin embrago, existen
hartos documentos
que refieren casos
de vivos y muertos
que se han encontrado
más allá del cielo.

Habrá que hacer caso…

Mi lógica mente,
que todo lo sabe,
que todo lo entiende,
no encuentra el sentido a tal disparate,
a tal laberinto.

Y vive creyendo que cuando morimos,
todo ha terminado.

Pero eso no es cierto,
lo sabe mi alma
que vive en mi adentro,
que guía mi duelo.

Y ambas encontradas,
mi alma y mi mente,
discuten airadas cuál será mi suerte:
la una me piensa,
la otra me siente.

La razón se impone, fría e implacable,
domina la idea, defiende su parte
y se posiciona, pionera, imparable.

Después de la muerte, mi amiga, no hay nada,
sólo huesos fríos dentro de una caja.

«¿Y dónde estás tú?», escucho a mi mente.
«Si tú ya no existes, de ti ya no hay nada;
quizás un recuerdo, tu tesis, tu casa,
tu foto enmarcada para la nostalgia».

Mi mente me oprime,
gana la batalla;
la muerte sí existe,
mi pena se agranda.

El mismo universo
se expresa en silencio,
me explica la causa:

«Escucha», me dice,
«a quien ahora te habla,
pues no es con palabras,
sino con alientos.
¡Soy la voz de tu alma!

La muerte no existe,
sólo es un traslado de un lugar a otro.

¡Libera el pasado!

¡Suelta tu esqueleto
sin penas ni llanto!
Avanza sin miedo,

sigue el faro blanco de la luz divina
que señala el paso de la travesía
para tu alegría,
que yo te acompaño».

Algo me despierta:
las gotas de lluvia sobre mi regazo;
empieza a hacer frío
en el camposanto.

Camino despacio
hacia la colina;
en la casa vieja
enciendo una hoguera,
caliento mi herida.

La noche azabache
extiende su manto,
arropa mis huesos,
acuna mi duelo,
consuela mi acto.

Me quedo en reposo
y sueño que vuelo
a lo alto del cielo;
desde allí diviso
todo el firmamento,

y me encuentro formas
que cantan sonriendo,
al verme llegar
para su festejo.

Me abrazan sus brazos,
me estrechan sus cuerpos,
diáfanas siluetas
de amor reencontrado,
almas en esencia.

Y una voz pregunta:
«¿Ya has desencarnado?
No es tu tiempo, amiga,
vuélvete hacia abajo».

«¿Y si me quedara?»
«No puedes, no hay plazo;
regresa a la vida
con los encarnados,
que tienes tareas que cumplir y tratos,
que tienes talentos, tus dones y encantos,
que tienes deberes que cumplir innatos».

Mi cuerpo despierta,
reanudo mis pasos,
mi nuevo sendero,
dones y talentos,
tesoros del cielo heredados.

Esta tarea consiste
en descubrir quién soy yo,
a mí nadie me lo dice,
ni mi madre, ni mi padre, ni el pastor.

Pongo manos a la obra.

¿Por dónde empezar?
¡Qué sé yo!

Si se me pasan las horas
fácilmente sin reloj;
si no me distrae ni el hambre, ni el frío, ni el calor;
si para mí es divertido
y me causa un gran placer,
pues estoy en el camino,
el camino del deber,
de mis dones y talentos,
expresión fiel de mi ser,
pues esta es la entrega al mundo
que todos hemos de hacer.

Nacemos con una estrella
que nos guía en esta vida,
pulsa nuestro brillo innato,
herencia, gracia divina.

Mas nadie nos ha enseñado
que llevamos una estrella
muy dentro del corazón,
como pálpitos, certezas.

Ella es nuestro don sagrado
y nuestra fiel compañera,
la que alumbra nuestros pasos
para conquistar la tierra.

Para recoger los frutos,
cosechar nuestras riquezas.

Dime, ¿cómo podría encontrarte
entre tanta turbulencia?

Escucha a tu alma guía,
ella te muestra la senda.

«¡Eso no tiene ni pies ni cabeza!»
dice mi mente,
a quien nadie le ha dado permiso,

pero ella se toma la ley por su mano,
sin previo aviso.

«¿Quién habla?»
«¿Quién va a ser?
¡La única que aquí piensa cabalmente!
¡Que si por mí no fuera,
¿dónde estarías, ingrata,
haciendo caso a tu alma?!
¡Seguro en el cementerio,
criando malvas!

¡Sienta la cabeza
de una vez por todas,
que ya tienes edad
y te encuentras muy sola!
¡Encuentra un empleo
que te ofrezca un sueldo,
un marido, casa!
¡Gánate tu honra!
¡Sin mí no eres nada!
¡Menos mal que pienso,
cabeza de paja!».

Dentro de mi mente,
como marionetas de hilo enredadas,
voces estridentes.

¿Y si esto que me habla no fuera yo?
¿Y si esto que pienso no lo pensara yo,
sino que fuera pensado?

Pues tal ruido,
¿a dónde me lleva,
sino al desvarío,
al cortocircuito,
a la tierra yerma,
al campo baldío?

¿Y a quién le interesa semejante treta?
Voy a investigarlo…

Me quedo en silencio,
surge un pensamiento.
Yo no lo he pensado.
¿De dónde ha salido?
¿Quién le ha dado espacio?

¿Por qué le hago caso?
¿Quién es el autor?
¿Quién el dueño y amo de esta información?

Mi mente inconsciente
guarda los misterios
bajo llave oculta,
hechos innombrables.

Encierra secretos,
miedos y pesares,
vergüenzas y ascos,
mentes criminales.

Voces que callaron
niños, abandonos,
amargos relatos,
corazones rotos.

Y sale a la luz
todo este entramado;
voy a darle espacio
para sanearlo,

a ver qué me dice,
a ver qué me cuenta.
Tendré que escucharlo
si quiero apagar
la voz a este teatro.

Ahora te invito,
cabeza parlante,
a que hables,
a que digas
cuanto tengas que contarme.

No te guardes nada.
Cuéntame tu historia,
la que está escondida,
la que llaman sombra.

¿Por qué te ocultaste?
¿Qué miedo te asombra?

Fantasmas reales,
señores sin honra,
voces ancestrales,
voluntades rotas.

¡Sal de tu silencio,
libera tu encierro,
rompe tus cadenas!

¡Libre pensamiento!

Nace la conciencia
y le doy espacio,
pensamientos turbios
que piden aclaro.

Historias antiguas,
miedos heredados,
todas mis ancestras

reclamo de mi árbol
para que los sienta
y grite sus llantos,
que ellas no pudieron
y se los tragaron.

¡Canta mi alma, canta,
canta tu relato,
que yo te acompaño!

DONDE TÚ YA NO PUDISTE

Donde tú ya no pudiste
yo continúo.
Donde tú ya lo dejaste
permanezco.

Imparable, como el rayo
luminoso
en la tierra que pisaron
los ancestros.

Avanzando por el río
de la vida,
me acompaña mi alma
mensajera.

Mi destino por faro
es alumbrado,
entregando mi tesoro
regalado:

el diamante que portabas
en tus manos.

EL BOSQUE

Del bosque nocturno
emerge el silencio;
las luces del pueblo
ya callan.

El pequeño río
suena entre ladridos,
reflejos de plata.

La estrella en el cielo
protege las casas
de los lugareños.

¿Quién ha entrado al bosque?
La niña que canta
su canción soleada.

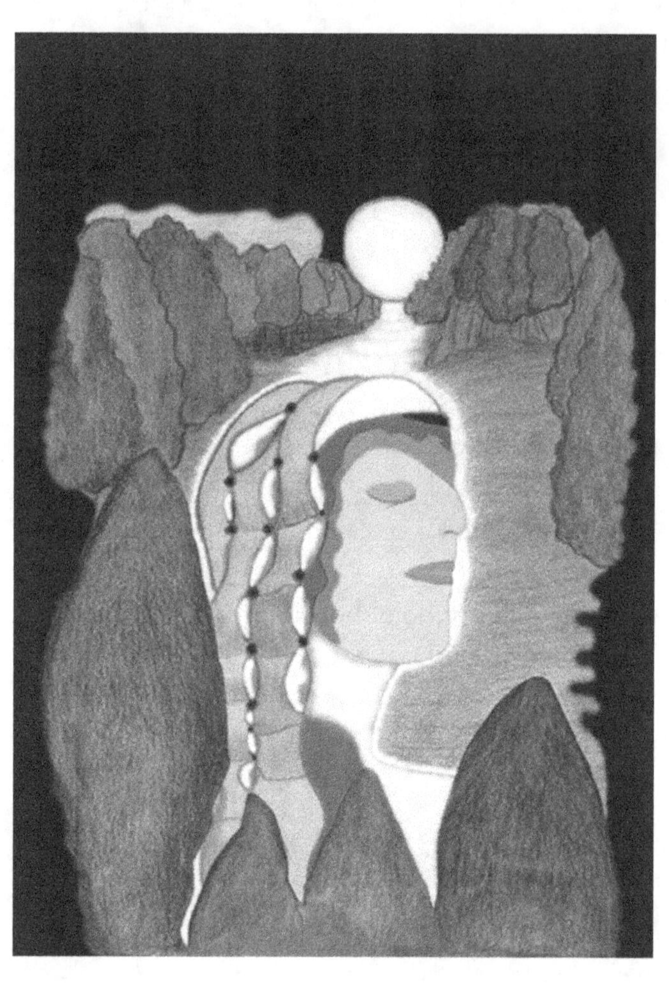

FLORECER

Florece el camino.
Es hora de irme
y de despedirme
de quien nunca fui.

Avanzo ligera
hacia el sol naciente,
cruzando el sendero
de la libertad.

Me espera la suerte
que tejí en mi mente,
sutil filigrana
de mi yo real.

EN LA OSCURA LUNA NUEVA

En la oscura luna nueva
donde nace la abundancia
soy amor y soy valor.

Donde crece la semilla
fructífera en expansión,
atraigo hacia mí la dicha
en mil formas
como arroz,

que son pétalos dorados
que tengo por mi valor.

A la Madre yo agradezco
por su grato corazón.
A mi Padre Creador,
gracias por sus pensamientos,
que iluminan mi razón.

Y mi voz eleva al cielo
la plegaria que decreta
mi merecer
en amor.

MERECER

Al nacer, yo merecí
las riquezas de la tierra,

las flores en su jardín,
las aves volando dueñas.

Pero yo más merecí
unos brazos y unas piernas

que puedan reconstruir
el Paraíso en la tierra
con baldosas de conciencia.

RENACER

Hay que aprender a morir
cada día un poquitín.

Mirar lo que nos arrastra,
lo que nos quita el sentir.

Matar las sombras más negras
con capa de luz violeta.

Matar las culpas,
matar las penas,
matarme a mí.

Hay que aprender a morir,
dejando atrás los recuerdos
que están rotos por ser negros,
negros de tanto insistir.

Hay que matar las ideas;
no las mías, ni las nuestras,
las impuestas por las normas
de quien nos quiso vasallos,
para seguir como esclavos
al reino de los idiotas.

Hay que aprender a matar
lo que en mí es un disfraz.

No confundir claridad
con oscura libertad,
que limita el respirar
por nuestra seguridad.

Hay que aprender a morir
para renacer al sí.

CONCIENCIA

Culpa se llama el pecado
que quisieron inyectarnos;
ignorancia lo custodia;
el miedo, su señor y amo.

¿Eres dueño de tus actos?
¿O acaso sigues esclavo?

¿Libremente te gobierna?
¿O sigues manipulado?

Permítete comprobarlo,
atrévete a dar el salto.

Que es mirar desde lo alto,
mirar desde tu conciencia,
disuelve toda apariencia.

Elije tu avance

¡Rompe las cadenas
que mantienen presa
a tu fortaleza!

¡Recuerda el origen
de tu procedencia!
¡Eres imparable
como alma impecable
de gran realeza!

¡Tus obras sublimes
trasforman la tierra
y a tus semejantes
por luz de conciencia!

¡Expresa tu arte,
asume tu parte,
muestra tu grandeza,
tu canto, tu baile!

¡La danza del vientre
que mueve tu sangre
y el de tus ancestras
diosas inmortales!

¡Recrea el principio
que te dio la vida,
concentra la esencia,
activa tu estrella,
elije tu avance,
bendita maestra!

LÍMITES

¡Que no sean cárceles los límites!
Que no sean cárceles,
sino libertades.

¡Que no me prohíban los límites!
Que no me prohíban,
sino que liberen mi gran tiranía.

¡Que no me acobarden los límites!
Que no me acobarden,
que valiente sea quien esto comparte.

¡Que no me aprisionen los límites!
Que no me aprisionen,
que sean jardines
sembrados de flores.

¡Que sean los límites
veleros al viento
de espacios azules
y verdes senderos!

¡Que sean los límites
como los luceros,
ocupando todos
en el firmamento
su lugar concreto!

Espacios sagrados
de un orden perfecto
como mi recuerdo.

MI SUERTE

Cuando miro,
lo mirado voy creando;
simplemente al observarlo
sostengo la realidad.

Y si deseo cambiar,
debo mirar de más alto,
pensamientos alineados
con mi conciencia estelar.

¿Qué es lo que quiero pensar?
Y ahí sitúo mi mente
en el altar del presente,
en tiempo neutralidad.

Y así voy desbaratando
pensamientos del pasado
que ya no tienen que estar
en mi mente subconsciente.

Mi mente supraconsciente,
la que dirige mi plan,
me va enviando señales
sobre cómo modificar
la realidad aparente.

Con imágenes conscientes,
moldeando eficazmente
la ilusión que daba forma
a sombras en mi presente.

Y ahora miro con agrado:
mi realidad ha cambiado,
puedo observar libremente,
creando así mis relatos
y así he cambiado mi suerte.

SÓLO SE PUEDE CREAR

Sólo se puede crear
con palabras de verdad.

No me hables por hablar
para llenar tu agujero,

para evadirte,
para no estar

conectada a tu silencio,
a tu nobleza,
a tu paz.

Yo no soy comida fácil
que puedas manipular
y tu hambre así saciar

con historietas caducas
que repites sin cesar.

Traje de paja que vistes,
¿quién te ayuda a caminar
por esos senderos tristes?
Tu poder ¿a quién le diste?

Te vendiste a un impostor
a cambio de recompensa.

Como mártir de un señor
al que sirves como esclavo.

Al dócil sometedor,
tu amo, dueño y señor,
que piensa por ti y decide
sin que te des cuenta que existe,

pues tu atención le permite
hacerse grande y destruirte.

¿Dónde quedó tu valor?
¿Quién ocultó tu grandeza?
¿A quién cediste tu honor?

¡Recupera tu belleza,
alma libre,
por favor,

para crear realidades
dignas del gran Creador!

LIBRE NIÑO CREADOR

Libre niño creador,
dibuja tu obra de arte
con pinceles luminosos
que enciendan tus potenciales.

Libre niño creador,
redacta tu poesía,
cuenta al mundo tus relatos,
expresa tu valentía.

Libre niño creador,
escribe tu partitura,
compón tu linda melodía
en clave de corazón.

Libre niño creador,
con voz de ángel naciste,
canta tu canción de amor.

Libre niño creador,
con pies ligeros que saltan
muestra tu baile que danza
al ritmo de tu pasión.

Libre niño creador,
arquitecto de tus sueños,
constructor de tus anhelos,
cree en ti, alma de Dios.

AUNQUE SOLO UN HILO FINO

Aunque solo un hilo fino de amor
pudiste sostener entre tus manos,
bien mereció mi elección
por habernos reencontrado.

Las manos de mis ancestras,
tus manos,
que son mis manos,
tanto ofrecieron al mundo,
a sus hijas,
su legado.

El regalo del amor
sostenido por antorchas
de fuego en el corazón.

De llamas que son mujeres,
que en fila india sostienen
la herencia que nos unió
a la vida trascendente
de Madre Dios Creador.

SE DESPRENDEN LOS PÉTALOS MARCHITOS

Se desprenden los pétalos marchitos
del rosal que encarna mi linaje;
las espinas escaleras de peldaños
me enseñaron el valor de lo sagrado.

Nace el tallo constante y emergente,
de raíces profundas infernales,
de una tierra oscura y palpitante,
una apuesta por la vida vulnerable.

Quemó el fuego todo rastro de vergüenza,
voló el aire toda idea delirante;
la lluvia desvaneció la tristeza
como gotas de rocío muy brillantes.

Se alza al cielo en mil brotes perfumados
firme y recio el rosal que me sostiene,
ahora digno de sentirse merecido
de ser rey de jardines entre iguales.

EL ÁRBOL

La semilla que encierro
no se preocupa,
porque sabe soberana
su envergadura.

La raíz que me arraiga
se muestra firme,
erige mi tallo
hacia los confines.

Las ramas que expanden
mis creaciones
son brazos abiertos
hacia el horizonte.

La copa de mi árbol
ha tocado el cielo,
solemne momento
para mis ancestros.

NIÑO SOL

Con luz de espada amarilla
doy muerte al rayo de luna
que mantenía mi mente
en ilusiones profundas.

Irreales apariencias
de formas bien definidas
someten mi pensamiento
a realidades confusas.

Obtuso fue mi mirar,
que miraba y no veía
por no ver la intromisión
de la ignorancia en mi vida.

Con luz de espada amarilla
doy muerte al rayo de luna
que fabricó la comedia
que manipuló mi vida.

Donde vi separación
estaba yo contenida,
dividida y distraída
de la verdadera unión.

Con luz de espada amarilla
disuelvo en mí las creencias
de mi antiguo yo lunar,
para dar la bienvenida
a mi nuevo yo solar.

BLANCO

De la noche oscura nace
un niño de cara blanca;
su madre de negro pelo,
su padre de blanca cara.

¿Y este niño quién lo manda?
Soy el alma,
mujer y hombre encarnada;
he integrado los contrarios
que alejaban nuestras casas.

¡Casémonos, pues, ahora,
con ligeras alas blancas!

¡Ascendamos con cautela
por escalera dorada
al mundo de las ideas
en nuestro cáliz de plata!

ROJO

Elijo morirme
y encontrar la rosa
oculta en el fondo
de mi corazón.

Un dragón soldado,
guardián de los daños,
encierra candado
como alto valor.

Lo miro con alma,
con luz de conciencia
resplandece el fuego
del sol interior.

Rescato la rosa
que blanca ilumina
la copa encendida:
ahora somos dos

que en uno se expresa
en total unión:
el niño divino.
Es el niño sol.

RETENERTE

Quise retenerte
para mí tenerte,
engañar mi mente
para mi dolor.

Quise retenerte
para distraerme
de la luz profunda
de mi corazón.

El disfraz del ego,
astuto payaso,
muestra su careta
al son del traidor

que cauto sonríe,
sin ganas escucha
la voz endulzada
que atrapa mi voz.

En este martirio,
fatal elección,
que elige la muerte
del títere inerte
de mi proyección.

Ya no hay más cordones,
ni palabras trampa,
ni obligadas normas
del sometedor.

El vacío espacio
ha tomado el mando;
con batuta fina
dirige el compás
del ritmo marcando
mi recién andar.

Quiero liberarte
para ti tenerte,
alinear mi mente
con mi corazón
y alcanzar el arte
de la creación.

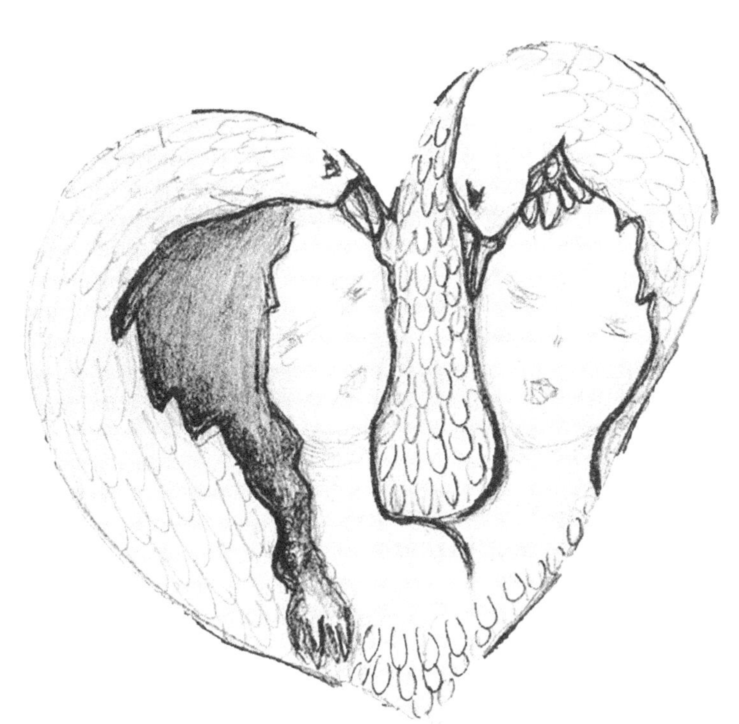

OBSERVO EN DETALLE

Observo en detalle
el ambiente que habla,
personas distraídas.

Ruido de palabras
por juicios condenadas,
esclava de mí misma.

La bruma de mi mente
nubla el alma,
se contrae la nobleza
de tu mirada.

Pensamientos de piedra,
de razones dominantes,
soy dueña.

Y aunque necia,
tengo el mando
de excluirte
y rechazarte
por puro agrado.

Pero ¿sabes?
Yo también me he equivocado
y puedo elegir mirarte,
nuevamente,
más calmado.

Como quien mira inocencia,
como nunca fue mirado.

Como quien mira una estrella,
¡que es tan bella!
Cuando la miro en silencio
hacia adentro
y con los ojos cerrados,

con luz propia te he mirado.

Cuando leo en tus ojos

Cuando leo en tus ojos,
sonríe el cielo;
la luz del niño brilla
en mil destellos.

Reconozco tu origen,
errante estrella
del cosmos infinito,
fugaz viajera.

Y siento tu nostalgia
en esta tierra,
que, aunque bella, es doliente
como una pena.

Extraña paradoja
que hiela el alma,

cuando surgen palabras
como amenazas

y se oscurece el cielo,
se quiebra la confianza,
se marchitaron las rosas
que perfumaban

nuestro efímero encuentro
de hermanos pasajeros,
perdidos vagabundos

sin designio y sin rumbo,
a la deriva en el barco
de la sinrazón humana.

¡Hágase la luz divina
en este día sombrío,
para derretir completos
los velos de encaje negro
por rayos de oro amarillo!

Se precipita rauda la circunstancia

Se precipita rauda
la circunstancia,
como flecha negra
que el miedo lanza.

Movido por los hilos
de lo oscuro,
del temor tirano.
de la ignorancia.

Te regalo la culpa,
yo no la quiero;
como pájaro en jaula
soy prisionero

que obedece al amo,
que es carcelero
de guardar bien la trampa,
la de su imperio.

Bajo llave encierra
el laberinto,
inaccesible acceso
cuando lo miro.

Desde el pequeño suelo
que encharca el barro
los zapatos que pesan
a cada paso.

Sin embargo, puedo
como alma libre
elegir nuevamente
desde el origen,

elevar mi mirada
y desde el cielo
observar el enredo,
el poder que cediste
a tu carcelero.

La conciencia despierta,
alumbra libre,
la condición eterna
que nos asiste.

El fuego que transmuta
incoherencias,
como chispas divinas
de luz violeta

disuelve cualquier forma
de interferencia
que esté reinando en contra
de la nobleza

de Dios y Diosa Madre,
omnipotencia.

LO MÁS IMPORTANTE ES VIVIR

Lo más importante es vivir,
pero no vivir deprisa,
sino aprender a vivir.

Aprender de la experiencia
del día a día y descubrir

que guardaba una sorpresa
solamente para ti.

Si la sabes distinguir
de la enredada maleza,
del humo,
las apariencias,
de lo mecánico y gris,

podrás observar la escena
como el águila que vuela
y ver todo desde allí.

Pues cuando miro,
¿quién mira dentro de mí?

¿Un recuerdo,
una creencia
o una posición hostil?

Como el águila que vuela,
miro todo desde allí

y así tu verdad se muestra,
que es verdad dentro de mí.

TU MENTE

Ya me solté de tu mente.
Ya no existo.
Ya me solté de tu mente,
ahora me habito.

Ya me solté de tu mente,
me fui a un lugar divino.

Ya me solté de tu mente,
el espacio es infinito.

Volví para reencontrarme,
porque me había perdido.

Volví a llamar a mi puerta,
siempre se mantuvo abierta.

Volví a descubrir mi pulso,
impulso para mis metas.

Encontré la fortaleza
de mis leones dormidos.

Encontré la piedra blanca
convertida en grandes alas

y pude volar al cielo,
pude ver mi marioneta,

los hilos que manejaba
la absurda tragicomedia
que atormentaba mi alma.

Con tijeras de conciencia
corté las cuerdas que ataban
mi mente a todo ese drama.

Y así liberé mi suerte
del fantasma que atrapaba
a mi mente en telaraña.

Ya me solté de tu mente.
Ya no existo.
Ahora ocupo mi mente,
que es una hacia el infinito.

SÍ O NO

Si cuando te digo «sí»
en verdad siento que no,
entonces me traicioné
por migajas de tu amor.

Si cuando digo que sí
hubiera dicho que no,
entonces yo me vendí
por complacer a tu amor.

Si cuando digo que sí
mi corazón dice «no»,
entonces nada entendí,
pues decir «sí» no es amor
cuando siento decir «no».

MIEDO DE MIRARTE

Tengo miedo de mirarte,
de ver lo que no quiero,
que tus ojos me rechacen
el amor que yo te tengo.

Déjame mirarte, niña,
sin razones,
sólo eso,
como antes,
con el corazón abierto.

Que la sonrisa en tu boca
sea grande.
Que tu alegría inocente
ilumine tu semblante,
como antes.

Déjame mirarte, niña,
que hace frío
y tu refugio es mi abrigo.

Por rechazar en mí el miedo
tan cobarde,
te miré desde lo lejos,
muy distante.

Escondida tras mi sombra,
sólo veía tu pena.

Esquivadas las miradas,
alejadas las conciencias,
recortadas las palabras,

se quebró la convivencia,
la gratitud exiliada,
el dolor ganó la guerra
a la primera batalla.

Pero el ángel de la guarda
intervino por su cuenta;
su mano en nuestras espaldas,
su luz en nuestras conciencias.

Y vimos lo que no vimos
cuando empezó la tormenta,
que la paz y el amor juntos
ganan siempre en primavera.

Y ahora puedo verte libre
y verme en ti liberada
del rechazo de mí misma
que en ti
en proyección proyectaba.

¡Grata reconciliación,
amiga, madre y hermana!

CITA CON LA MUERTE

La señora muerte
viene a visitarme
con un libro blanco.
Mi nombre grabado:
«hora de su muerte»

«¿Ya viene?», pregunto.
«Ya vengo», responde.
«Yo no la he llamado»
«Firmaste un contrato»

«¿No hay tregua?», pregunto.
«No hay tregua», responde.
«No para este encargo»

«Hablaré con Dios»
«No te va a hacer caso,
un trato es un trato»

«Es usted muy fría»
«Hago mi trabajo»
«¿Le gusta?»
«A ratos»

«¿Y cuándo descansa?»
«Yo, nunca»

«¿Y usted cuándo muere?»
«Cuando tú decidas volver a la Fuente»

La muerte es el tiempo
que viene a avisarme
que ya es mi momento.

Una cita a ciegas
con una mujer
que separa el alma
del cuerpo a la vez.

DUELO I

El duelo me ha visitado;
ha venido a verme
sin llanto.

Ha despertado el abismo
que mantenía tapada
mi muerte.

Ha expandido su silencio,
solemne y frío.

Pesado y lento
se siente.

Un negro sin tinte,
la impermanencia
de un abismo firme,
soluble en el tiempo.

El abrazo de una sombra
inmóvil y efímera.

Un espacio incierto,
ambiguo,
como un trozo de tiempo
que se ha perdido.

DUELO II

Me alegro de verte
para así matarte
esos trozos de mí
secuestrados

en la red de araña
que tejí con hilos
de desesperanza.

Sensación extraña
semejante a un hueco,
como un cráter vacío
en el alma.

Y aunque no duele,
es profundo,
como el mar
en noches de invierno
crudo.

Las tinieblas
en mi corazón
han reposado
por un instante.

Me entrego a esta ausencia,
penetro en la esencia
de mi sabia muerte.

Y así, liberarme por fin
de mi mente.

CONTEMPLACIÓN

Un día me salí del tiempo.
Nadie me llamaba.
Nada me obligaba.

Me sentía libre.
Me salieron alas.

Respiraba lento.
No pensaba en nada.

Sólo contemplaba
la naturaleza.

Cómplice, observaba
mi ensimismamiento

Y todo me hablaba…

los castaños viejos, sus ramas pesadas,
el aroma seco del viento en mi cara,
el manto caliente del calor monarca,
las flores exhaustas.

Y todo perfecto…
en aquel instante sin tiempo,
fundida
en grata experiencia
de sentirme viva.

Corazón

Los vacíos son lugares
para llenarlos de amores,
amores de mis amores.

Espacios llenos de amor,
vacíos llenos de amores,
amores de mis amores.

Como campos florecidos,
son campos llenos de flores,
amores de mis amores.

El aire llena el vacío,
amor para mis pulmones,
amores de mis amores.

El sol lleno de amarillo
calienta los corazones,
amores de mis amores.

El amor es el vacío
que llena los corazones.

EL HOGAR QUE QUIERO VER MANIFESTADO

El hogar que quiero ver
manifestado,
adornado con espacios
silenciosos.

De armonía las esquinas
Dibujadas;
por vestido, los jardines
olorosos.

Siendo dueña del tiempo
en este espacio,
disfrutando de la noche
me fusiono.

Con la paz de un viejo libro
entre mis manos,
como un nido de calor,
acariciando

en sincera gratitud,
cierro mis ojos.

Se manifiesta el milagro

Se manifiesta el milagro
cuando lo fijo,
siendo fiel a mi meta,
a mi objetivo.

La certeza sentida
cobra potencia
en palabras gestadas,
exactas letras.

Claridad es la puerta
que abro por dentro;
la verdad sostenida
crea el deseo.

La saeta es lanzada
en blanco a diana.
Quien recibe el pedido
Ángel se llama.

EL TIEMPO

Desde una escalera observo
el caminar de la gente
que va a prisa,
como ausente
en su diario recorrido.

Así van ganando tiempo,
que guardan en los bolsillos
que contienen agujeros.
¡Vaya tiempo más perdido!

Si todos envejecemos,
aunque vayamos corriendo,
no sumaremos más tiempo
al que nos han permitido.

¿Y si vamos más despacio?
¿No es mejor que nos paremos
a revisar nuestra hacienda
por si necesita arreglo?

Pues cuando se acabe el tiempo,
si mi casa no he mirado,
sin paz hube edificado
por escapar de mí misma.

Ya no hay posible reclamo,
pues el tiempo ha terminado.

En el silencio

En el silencio
encuentro la paz,
que se hace espacio.

Desaparece el paisaje
con sus efímeras formas,
entro en la nada.

El vacío como un eco
amplio y extenso
se siente.

La eternidad del tiempo
se hace presente
a cada instante.

La chispa palpitante
sostiene mi existencia
como el pulso perenne
del átomo incesante.

IDENTIDAD

Mi carnet de identidad
dice quien yo creo ser,
aunque equivocado está
este trozo de papel.

Mira cadáver, será muerto.
Con mi nombre y apellidos,
con la historia que he traído,
todo será destruido.

Sin embargo, el yo real,
la causa, la trascendencia
permanece permanente
por toda la eternidad.

Imposible aniquilar
esta primordial esencia.

No confundamos entonces
identidad con verdad.
Lo primero es apariencia.
Lo segundo, el yo real.

LIBRE

Quiero ser libre,
libre de tormentos,
libre de relatos tristes.

Quiero ser libre,
libre de recuerdos ancla,
libre de grises sentires.

Quiero ser libre,
libre de apegos que oprimen,
libre de caretas falsas.

Quiero ser libre,
libre de viejos rencores,
libre de ausentes miradas.

Quiero ser libre
como las montañas,
que visten de verde
la tierra dorada.

Quiero ser libre
como las colinas,
que suaves ondulan
tardes de premura.

Quiero ser libre
como los colores,
que dibujan libres
millones de flores.

Quiero ser libre
como el firmamento,
que llena de estrellas
el eterno cielo.

MI HOGAR

Mi hogar
es un lugar vacío,
sin muebles
y sin ladrillos,
pero se puede habitar.

Aquí me encuentro tranquila,
sin sillas y sin sofás,
en cómoda compañía
de mi silenciosa paz.

Cuando llaman a la puerta,
si es la señora que piensa,
a esa, no dejo entrar.

La respuesta que me encuentra
serenamente despierta,
simplemente por estar
presente en esta verdad.

MIEDO

Hace mucho mucho tiempo
que conocí al señor miedo.
Él era ya un vejestorio,
astuto y algo medroso.

Yo ya tenía mis años
y él proseguía a mi lado.
Era parte de mi historia
que sostenía el pasado.

Un día le pregunté
de qué se alimentaba,
pues tenía mala cara,
ojeras hasta los pies.

Me dijo que no comía,
porque vivía de ver
cómo yo no me atrevía
a ser quien vine a ser.

Comprendiendo su respuesta,
de un plumazo lo espanté,
ya que de mí dependía
darle muerte o darle miel.

Cuando muerte le hube dado,
crecí tanto tanto tanto,
que nunca más me asusté,
pues camino de la mano
de quien alienta mi ser.

MI VERDAD

Voy caminando por un laberinto
con grandes desvíos,
para que me pierda
dentro de mí mismo
y luego me encuentre.

En el desafío,
confundidamente,
extraño extravío,
quise conocerme
muy profundamente.

Curioso destino.
¡Maldito mi sino!
¡Maldita mi suerte!

Estrechos pasillos
de este recorrido
he reconocido
repetidamente.

Hasta que subida
a una escalera
pude ver salida
con gran perspectiva
tamaña tragedia.

Y vi el infinito,
expandidamente.
¡Bendito mi sino!
¡Bendita mi suerte!

CONFÍO

No hagas nada.
Si quieres estar conmigo,
no hagas nada.

Sólo contempla el vacío
que llena de aire tu estancia.

El silencio como dueño
de tu alcoba sosegada.

La calma meditativa
de tu pensar sin palabras.

El ondular transparente
de la luz intermitente
de partículas divinas

expande mi perspectiva
del punto hacia el infinito.
Respiro amplio,
confío.

Tormenta

Mientras dormía,
la tormenta del sueño
me ha despertado,

rompiendo mi cotidiano
con rayos de luz divina.

Eléctrica sinfonía
de relámpagos de fuego

El mensajero del trueno,
fulminante, ha sacudido
mi acomodado momento.

LAS MAÑANAS ARBOLADAS

Las mañanas arboladas
dueñas extienden sultanas
sus brazos prietos de flores
por lejanos horizontes
de cielos multicolores.

Y en la cañada,
pastores,
trashumantes corazones,
errantes huellas pausadas.

Itinerante morada
del silencio
que en paz calma,
servicio humilde del hombre.

El verde pasto alimenta
la manada fatigada.

El zagal toma descanso,
regocijada su alma,
por su logro realizado.

Viajo a los ventrículos

Viajo a los ventrículos oscuros
de mi alma;
me sumerjo en la profundidad
pulsante de mi sangre.

Navego entre turbulencias
de ríos calmos;
saboreo la sal
que conforma mi carne.

Desaparezco
entre huesos firmes
y esponjosos, órganos sangrantes
despertando al misterio
que me habita.

El abismo incognoscible
es silencioso,
como paz indescriptible
a cada instante.

El vacío sin sonido
prevalece;
la eternidad es presente
a cada instante.

Como vida es la muerte
disfrazada.
Como muerte es la vida
a cada instante.

AMANECE EL SOL DORADO

Amanece el sol dorado
entre montañas de seda.
Un ejército de árboles custodios
se despiertan.

Reina virgen el silencio
entre el cielo acristalado,
azulado el aire limpio;
las golondrinas,
como piruetas volando.

Y en la tierra, girasoles
como soles van cantando
canciones que son amores,
para embellecer los campos
y calmar los corazones.

Amanece limpio el cielo

Amanece limpio el cielo
de rosas algodonado,
negras las montañas rugen
como volcanes ocultos
de un infierno subterráneo.

En el camino,
como medallas de oro
en el suelo, acompañando
mi transitar silencioso.

Hojas de árboles amigos
me dicen que no estoy solo.

Grazna el cuervo,
compañero
en las alturas.

El día se ha levantado.
El reloj limita el tiempo
a gestos robotizados.

La vida pasa de largo,
las flores ya no se admiran,
la lluvia no tiene encanto.

El aire molesta un poco
si me despeina el peinado.

Las risas para el domingo,
el baile a salón cerrado,
vacaciones en agosto,
los abrazos congelados
y los corazones rotos.

Voy a salirme del tiempo
que los hombres han creado
y dibujar un reloj
infinito, espiralado,

con horas como escaleras
que se alcen hasta las estrellas,
y allí rescatar mi esencia
cristalina, verdadera,
para caminar mi vida
con pasión y certeza.

LOS CHARCOS SON REFLEJOS

Los charcos son reflejos
de formas animadas
que tiemblan con el viento
y ondulan cuando callan.

Juguetes para niños
que saltan en el agua,
salpican inocentes
ranitas con paraguas.

Las pompas transparentes
de lluvia acristalada
que, fina, se disuelve,
se escurre por el césped
cual lágrimas de plata.

Y el sol prende sus rayos,
dispersa los fantasmas
entre árboles mojados
de verde aceitunado.

Y surge el arcoíris
cual mágico milagro,
corona rey el cielo,
monarca de lo excelso,
sultán de lo sagrado.

PAZ

Aire
que se expande
como una esfera en mi pecho
calmante.

Siento
eterno el silencio
en mi pensamiento.

Suelto
mi cuerpo animado
y me encuentro
habitada
por el firmamento.

Pienso,
ideas que asoman
como diáfanas formas
desde el vacío,
creando mis sueños
más merecidos.

PALOMA

Cielo azul,
paloma blanca
de suave vuelo templado.

Semillas va repartiendo,
que en el campo van sembrando
pensamientos sosegados
del atardecer de un pueblo.

Cálida paz,
tierra fértil,
dulce aroma de manzanos,
río que suena callado,
unos grillos cantarines
acompañan mi descanso.

Siento mi corazón en llamaradas

Siento mi corazón
en llamaradas,
abriéndose espacio
al infinito,

como rojos de fuego
ondulantes,

como imanes,
como alas desplegándose
a un abismo.

Y se expande la vida,
que confía
en el ritmo de amor
inalterable.

Es la danza geométrica
perfecta
que acompasa el designio
de mi avance.

SEPTIEMBRE

Envuelve el silencio el tiempo.
Despierta el alma su llama.

Asoma septiembre
con pausa,
como un lunes de nostalgia.

Vuelta a la vuelta
que me pide calma,
orden y constancia.

Huele a paz
la tarde mansa,

y el sol hunde sus misterios
entre crestas de montañas azuladas.

Reposa el ave su vuelo,
cándida,
sobre la afable morada.

ORDEN

Suaves ondas de armonía
danzan por el universo
y juegan al escondite;
si las miro,
no las veo.

Potenciales transparentes,
partículas saltarinas
de átomos emergentes

configuran nuestras mentes
de pensamientos coherentes,
creaciones eminentes

como imanes atrayentes
de impecables geometrías,
construcciones excelentes.

Pienso en posibilidades…

Infinitas elecciones
que vibran
a cada instante.

Realidades moldeadas,
proyecciones custodiadas
por mi ángel de la guarda.
Aquí y ahora,
presente.

ARBOLEDA

Arboleda oscura,
mi alma penetra en tu bravura.
Oscuro, el silencio
del cielo nocturno
hiela mi presencia
como ruido mudo.

Escucho el latido
del tambor del tiempo.
Corazones uno
al ritmo, pulsando
en la sincronía
mi canto elevando.
Mis alas al viento,
despliego mi vuelo.

MI FIEL ESQUELETO

Tengo una relación con mi esqueleto,
una relación muy íntima y hacia adentro.

Mi esqueleto no piensa,
pero me recuerda lo efímero de mi existencia.

El sostén de mi cuerpo para esta vida,
mi más fiel compañero
conmigo camina

y articula gestos,
varios movimientos
de huesos al ritmo de mis pensamientos.

No es él quien respira.
No es él quien sonríe.
Ni es él quien confía.

Mi fiel obediente
conmigo ha crecido;
de la mano vamos a todos los sitios
y no discutimos.

Y ahora en la vida
sostiene mis pasos.
Estamos de acuerdo
alllá donde vamos
y nos entendemos sin tener que hablarnos.

¡Gracias, compañero,
por tan gran regalo!

Y en la despedida,
mi fiel compañero,
duérmete tranquilo,
descansa sin miedo,
que ya no hay ruidos,
ni gestos, ni besos.

Todos los que dimos y nos ofrecieron
allá se quedaron, más allá del viento,
que yo vuelo alto, más allá del cielo.

Y ahora te abrazo,
amado esqueleto, ahora que puedo,
ahora que cuento con brazos y cuerpo.

Por todo, te abrazo.
Por todo este tiempo.

Dulces sueños tengas,
feliz tu regreso.
Adiós, esqueleto,
mi fiel compañero,
amigo del alma,
sostén de este cuerpo.

Te fuiste

¿A dónde te has ido,
que ya no te veo?

Te fuiste volando
lejos lejos lejos

con paz en el alma,
sereno tu gesto,

de aceptar tu viaje
al bendito cielo.

Vuela alto, vuela,
querido maestro,

que lo que aprendimos
lo llevamos dentro,

padre, hermano, amigo
de este trayecto

que ahora continúas
por el firmamento.

Arcángeles, guías,
Jesús y María
custodian tu aliento.

¡Vuela libre, vuela
feliz tu regreso!

AMIGA DE LA MUERTE

Amiga de la muerte,
soy señora
de átomos de vida
rebosantes.

Partículas vacías,
incesantes,
perpetúan la existencia
inalterable.

Las rosas que engalanan
los jardines
expresan la nobleza
de este arte.

Sublimes como
arpas celestiales,
derraman sus perfumes
divinales.

Se expande mi conciencia
al infinito,
brillantes de diamante
iridiscente.

Vestidos los ángeles
en sedas
acuden al encuentro
de mi esencia.

El sol se ha hecho de noche
en mi ventana.

La estrella que me guía
está despierta.

El vuelo de regreso
ha comenzado.

Alegría de lágrimas
que anhelan
la fusión con el fuego
inmaculado.

DOS TIEMPOS

Me regalaron la vida
sin permanencia, una estancia.

Me regalaron un sueño
para que yo despertara.

Me regalaron el tiempo
con mis horas ya marcadas;
un espacio, unos momentos,
un escenario, una trama.

Me regalaron los días,
las noches con sus mañanas,
un reloj con manecillas,
mi respiración contada.

Un contrato con el cielo
de duración limitada;
un periodo que caduca,
¡oportunidad del alma!

Pues ya que llegué a este encuentro
para despertar del sueño
del disfraz que nos separa,

voy a aprovechar el reto
y a reírme a carcajadas
del miedo que nos programa.

El presente es el regalo,
la oportunidad sagrada,
la conciencia con luz propia,
la luz del alma encarnada.

La verdad es una sola,
sin tiempo, edad ni mañana,
la certeza que nos une
al pulso, al todo, a la nada.

Y cuando mi cuerpo muera,
porque ya le llegó el tiempo,
mi alma, eterna peregrina,
viajará hasta el firmamento,
a la causa sin origen,
a la eternidad del cielo.

CAMINO POR LA TIERRA

Camino por la tierra
hueca y plana,

con cuerpo de muñeco,
sin memoria.

Esmero de encajar
en la osadía.

Esmero de navegar
a la contra.

Practico malabares
y equilibro.

Balanza con sus luces
y sus sombras,

sabiendo que la tierra
prometida

ocurre más allá
de esta parodia.

Destruye cada día
en mi camino,

¡oh, fuego con tu llama
iridiscente!,

escombros y residuos
permanentes

que pesan a mi alma
inocente.

Disuelve con tu sal
ya mis heridas

de humano, ancestro
secuestrado.

¡Oh, mar, con tu manto
azul verdoso!,

disuelve toda pena,
todo llanto.

Elevo mi conciencia
diamantina.

Allá,
donde procede
mi memoria,

regreso con mis pies
sobre el asfalto,

que un paso da lugar
a otro paso.

CASA DE PAPEL

Casa de papel
que, aunque con ladrillos,

va a dejar de ser
mi efímero nido.

Cien años vividos,
volver a nacer

como fotogramas,
la historia se plasma

en cinta grabada
de luz o de hiel.

Risas o locura,
llantos o placer,

¿qué eliges creer,
sutil criatura?

Fútil aventura,
vamos despertando,
que ya son las diez

y el sol, reflejando
destellos dorados,
quiere verte fiel

a tu brillo innato,
divina mujer.

CIELO SIN NUBES

Y hora que en mi cielo
ya no hay nubes,

ahora que en mi cielo
no hay tormentas,

la paz de un manso río
sosegado

recorre los afluentes
de mis venas.

El mar del corazón,
apaciguado

al ritmo del tambor
que grande suena.

Latidos como pulsos
hermanados

coronan de rosales
la existencia.

Pasajera de la vida
con retorno,

bendigo este momento
aquí en la tierra.

Estelas como átomos
fugaces.

Estrellas como estelas
pasajeras.

Como la vida

Madre Mar
está enfadada,

ha golpeado con fuerza
el espigón de la playa,

chorros de mar derramada.

Lluvia de sal
cae al suelo,

charcos de azules pisadas.

Furiosas olas ardientes,
millones de gotas hablan
las historias de las gentes.

Besa el espejo de plata
en la arena azulejada.

Transparente es el reflejo
del cielo sobre las aguas.

Paso de leves pisadas,
besos de espuma salada.

Madre Mar
está contenta,

un pescador la acompaña.

Vestido blanco de novia
con volantes ataviada.

Calma,
celebra la vida.

Calma,
con paz en el alma.

DESAPEGO

Siento el desapego
como un desgarro
frío y húmedo.

Un hueco vacío
como el mundo.

Un pájaro sin alas,
vagabundo,
sin rumbo,

hacia el abismo lejano
de mi profundo oscuro.

Cae la noche
sobre mi alma
dormida.

El aliento como escarcha
congela las entrañas
de mi niño herido

y una paz amarga
me ofrece la vieja casa

desnuda,
con ruinas remendada.

Siento en mi pecho
un dolor sin herida,

una nave que naufraga
a un océano sin vida,

a un final,
a un desenlace que termina.

Es hora ya de entregarme
a la muerte,

que aniquile totalmente mi bagaje
de víctima inexorable.

Y renazco nuevamente
como el ave fénix sabe,

con plumaje de oro rojo,
venciendo mil tempestades.

LA MAR ES UN VESTIDO

La mar es un vestido,
un traje azul
de agua

que cambia con el viento
a verdes esmeraldas.

De gasa es el vestido,
de azul turquesa
en calma.

De azul fuego encendido
cuando hay luna de plata.

Azul negro
en la noche.

Azul limpio
en el alba.

Azules tormentosos,
borrascas averdadas.

La mar es terciopelo
los días que en la playa

hay niños desnuditos
con cubos y palas.

Cosquillas en las piernas
su falda azul
reclama.

Encajes y bordados
de espuma
sus pies calzan.

La mar conoce al hombre,
al niño
y a su raza.

El niño es el anciano
que sólo el tiempo
aparta.

Sobre la autora

María Isabel Tamayo Insua nace el 13 de abril de 1967 en San Sebastián. De naturaleza inquieta y curiosa, nunca se adaptó del todo a la realidad de la época, llena de normas y aburridas obligaciones, como ella dice. Siempre le gustó dibujar y pintar, contar cuentos y disfrutar observando las flores y la armonía de la naturaleza.

Se formó como auxiliar de clínica y terapeuta floral, ejerciendo durante algunos años en San Sebastián y en Barcelona. Le gusta hacer un poco de todo: cantar en coros, viajar y cuidar plantas. También escribe poesía y este es su primer libro.

www.ingramcontent.com/pod-product-compliance
Lightning Source LLC
La Vergne TN
LVHW020054210726
843507LV00016B/2225